También por Humberto Gómez Sequeira-HuGóS

Nicaragua: El diálogo entre los curas doctrineros y encomenderos

Duele sentir

En transición hacia la poesía

Visiones de un sonámbulo

El Socialismo del Siglo XXI o La Antirevolución

*La lucha de la pequeña burguesía en contra del proletariado
y la revolución social*

Humberto Gómez Sequeira-HuGóS

El Socialismo del Siglo XXI o La Antirevolución

Primera Edición: Abril de 2016

ISBN-13: 978-1530491674

ISBN-10: 1530491673

Imágenes de la Composición Fotográfica en la Portada

Primer Plano: Raúl Modesto Castro Ruz y Barack Hussein Obama II durante su encuentro en Ciudad de Panamá, Panamá, en abril de 2015, para discutir los términos de la venta de Cuba a la plutocracia imperialista.

Fondo: Sir Winston Leonard Spencer-Churchill, Franklin Delano Roosevelt y José Stalin durante su encuentro en la Conferencia de Yalta, en febrero de 1945, para dividirse el pillaje de la Segunda Guerra Mundial.

Este libro fue impreso en los Estados Unidos de América (EUA) en abril del año del pensamiento sin aliento divino 2016.

Dedicatoria

A Karl Marx

A Friedrich Engels

*A las mujeres y los hombres del proletariado que con su trabajo
producen la riqueza social que determina la vida
y progreso de la humanidad.*

Reconocimientos

Ana María Sequeira Viuda de Gómez

Gracias, madre, por haber incubado el cerebro con que escribí este libro y amamantado la raíz de mi vida.

Roxanna Gómez-Ubau

Gracias, hija, por haberme acompañado en mi odisea de persecución del socialismo como el estado ideal de la igualdad de la humanidad.

María del Rosario Aguirre Durán

Gracias, María del Rosario, por la vida que invertís —con devoción y sacrificio— en la alimentación de la reacción química que sostiene mi vida y el placer de nuestra relación.

Armando A. Molina

Gracias, Armando, por tu consistente contribución al desarrollo de la crítica revolucionaria a través de la cual nos introducimos al mundo para discernir la verdad de la mentira constitucionalizada por los hombres de la fe y guerra: de la Iglesia y del Estado.

Contenido

Prefacio

El Socialismo del Siglo XXI (SSXXI) es una idea antirevolucionaria que representa la reacción de la pequeña burguesía neomenchevique a la decadencia de la humanidad y su elemento bajo la dictadura neo-feudal de la burguesía y del alto clero. La base de esta idea es la derrota del proletariado y su fin es servir como eslabón socialista de la cadena de esclavitud del capitalismo y camuflaje de la decadencia. La decadencia se distingue por la creciente guerra predatoria de la burguesía en contra de la sociedad; la muerte por hambre de las personas que la burguesía y el alto clero deshumanizan y desposeen; el exterminio del proletariado; el comercio de esclavos; el analfabetismo; el oscurantismo; la guerra de los hombres de dios en contra de la mujer para mantenerla subyugada a la economía de la prostitución y veneración del dios pene; la intoxicación de la Tierra; y la ausencia de una clase revolucionaria en pie de lucha en contra del Estado.

El Estado es la fuerza de choque que la burguesía usa para tratar de protegerse de la rebelión de las víctimas de su decadencia. La pequeña burguesía sirve a la burguesía como la administradora de esta arma de la lucha de clases por medio de sus partidos políticos. De esta manera, la pequeña burguesía se ha adherido a la decadencia que la burguesía engendra como el gusano que nace del cuerpo en descomposición y se alimenta de él. En esta condición es que los partidos políticos pequeñoburgueses de "la izquierda" administran el Estado y legislan el robo de la riqueza social y la inmoralidad de la burguesía como la moral oficial de la sociedad. El interés de la pequeña burguesía no es eliminar a la burguesía, sino que mantener el capitalismo que es el estímulo de su admiración por la clase dominante y desprecio por la clase dominada.

La *intelligentsia* pequeñoburguesa produce el armamento —la ideología, la ley, el método de tortura, la tecnología y las bombas— con que el Estado hace la guerra de la burguesía en contra del proletariado para apropiarse la riqueza social que produce con su trabajo y mantenerlo subyugado a la esclavitud del salario. El rédito que la pequeña burguesía recibe a cambio de su servicio a la burguesía es la parte de la riqueza social que la burguesía le permite apropiarse. Esta relación "justa" con la burguesía determina la existencia de la pequeña burguesía como clase y la realización de su ambición de ser una imitación del estilo de la vida opulenta, brutal y estéril de la burguesía.

La pequeña burguesía apoya la guerra que el Estado imperialista hace en contra de los países que la burguesía necesita invadir para deshumanizar a sus ciudadanos, robarles sus recursos y esclavizarlos. En el caso de Grecia, la pequeña burguesía representada por la dirigencia de la Coalición de la Izquierda Radical (*Syriza*) —controlada por estalinistas y socialdemócratas dirigidos por el excomunista Alexis Tsipras— sirvió de Quinta Columna de los banqueros imperialistas en las filas del proletariado para derrotarlo y así forzarlo a pagar con su plasma la deuda que los gobiernos burgueses anteriores contrajeron para engordar su ambición y aumentar el poder militar del Estado burgués. De esta manera —sin vergüenza y brutal— la pequeña burguesía demostró, una vez más, su enemistad con el proletariado y afinidad con la burguesía que posee el Fondo Monetario Internacional (FMI), la Comisión Europea (CE) y el Banco Central Europeo (BCE) y domina a Europa como su feudo.

El proletariado no ha cambiado su estado de esclavo derrotado, reconciliado con la dictadura de su enemigo de clase. Su actitud es el efecto psicológico de la derrota que la burguesía continúa asestándole gracias a la colaboración de los dirigentes de los sindicatos y partidos políticos estalinistas y socialdemócratas. Estos dirigentes —de la calaña corrupta de José Daniel Ortega Saavedra, Nicolás Maduro Moros y Alexis Tsipras— son los sucesores de la ideología antirevolucionaria —socialismo en un sólo país— y del estilo de vida aburguesado de la casta estalinista que derrotó al proletariado en Rusia, China y Cuba. A pesar de su derrota, el proletariado continúa siendo la única clase que posee la potencia para hacer la revolución social que es la única manera de evitar que la burguesía destruya a la sociedad y su elemento totalmente. La relación de fuerza del proletariado con sus enemigos de clase —la burguesía, la pequeña burguesía, el alto clero, el generalato, la burocracia estatal y la burocracia sindical— puede ser cambiada sólo por el proletariado mismo, luchando en contra de ellos armado de su conciencia de clase, partido revolucionario y programa de transición hacia la revolución social.

El SSXXI es un consejo de la pequeña burguesía intelectual neomenchevique para los partidos políticos de "la izquierda" que administran el Estado burgués de como contener la explosión del proletariado. De esta manera, la pequeña burguesía lucha por su supervivencia, impulsada por su temor a que la decadencia de la burguesía la arrastre hacia el agujero negro de la proletarización. Ser eliminada de la pirámide movediza de las clases del capitalismo por la creciente actividad predatoria de la burguesía es la pesadilla de la pequeña burguesía y la justificación de su política anti-proletaria y antirevolucionaria.

Humberto Gómez Sequeira

Humberto Gómez Sequeira-HuGóS
Los Angeles, 12 de marzo de 2016

El Socialismo del Siglo XXI o La Antirevolución

Karl Marx y Friedrich Engels: Líderes coherentes —honrados y leales— del proletariado y creadores del socialismo científico.

Introducción

El Socialismo Conservador o Burgués

Por Karl Marx y Friedrich Engels

Una parte de la burguesía desea remediar los males sociales con el fin de consolidar la sociedad burguesa. A esta categoría pertenecen los economistas, los filántropos, los humanitarios, los que pretenden mejorar la suerte de las clases trabajadoras, los organizadores de la beneficencia, los protectores de animales, los fundadores de las sociedades de templanza, los reformadores domésticos de toda suerte. Y hasta se ha llegado a elaborar este socialismo burgués en sistemas completos. Citemos como ejemplo la "Filosofía de la Miseria", de Proudhon.

Los burgueses socialistas quieren perpetuar las condiciones de vida de la sociedad moderna, pero sin las luchas y los peligros que surgen fatalmente de ellas. Quieren perpetuar la sociedad actual, pero sin los elementos que la revolucionan y descomponen. Quieren la burguesía sin el proletariado. La burguesía, como es natural, se representa el mundo en que ella domina como el mejor de los mundos. El socialismo burgués elabora en un sistema más o menos completo esta representación consoladora. Cuando invita al proletariado a realizar su sistema y a entrar en la nueva Jerusalén, no hace otra cosa, en el fondo, que inducirle a continuar en la sociedad actual, pero despojándose de la concepción odiosa que se ha formado de ella.

Otra forma de este socialismo, menos sistemática, pero más práctica, intenta apartar a los obreros de todo movimiento revolucionario, demostrándoles que no es tal o cual cambio político el que podrá beneficiarles, sino solamente una transformación de las condiciones materiales de vida, de las relaciones económicas. Pero, por transformación de las condiciones materiales de vida, este socialismo no entiende, en modo alguno, la abolición de las relaciones de producción burguesas —lo que no es posible más que por vía revolucionaria—, sino únicamente reformas administrativas realizadas sobre la base de las mismas relaciones de producción burguesas, y que, por tanto, no afectan a las relaciones entre el capital y el trabajo asalariado, sirviendo únicamente, en el mejor de los casos, para reducirle a la burguesía los gastos que requiere su dominio y para simplificarle la administración de su Estado.

El socialismo burgués no alcanza su expresión adecuada sino cuando se convierte en simple figura retórica. ¡Libre cambio, en interés de la clase obrera! ¡Aranceles protectores, en interés de la clase obrera! ¡Prisiones celulares, en interés de la clase obrera! He ahí la última palabra del socialismo burgués, la única que ha dicho seriamente.

El socialismo burgués se resume precisamente en esta afirmación: los burgueses son burgueses en interés de la clase obrera.

1. El Socialismo del Siglo XXI o La Antirevolución

Juan Evo Morales Ayma —encomendero socialdemócrata-católico y representante del Socialismo del Siglo XXI— entregando el símbolo de su obediencia a Jorge Mario Bergoglio, *capo di tutt'i capi* de la Iglesia Católica Colonialista. La Paz, Bolivia, 8 de julio de 2015.

1.1   El Socialismo del Siglo XXI (SSXXI) es un plan de la pequeña burguesía intelectual neomenchevique para reformar el Estado en la época en que esta fuerza de choque de la burguesía está empujando a la humanidad y Tierra hacia su destrucción total. El plan consiste en encauzar el capitalismo por la política "socialista" prescrita por el partido político de "la izquierda" que administra el Estado que es el garante de la suprema ley del capitalismo, o sea, la propiedad privada de los medios de producción. La condición política para la existencia de este socialismo es la permanencia de la derrota política del proletariado. El fin de la reforma es el ajuste del egoísmo del capitalismo a la necesidad social para convertirlo en generador de democracia económica sin provocar la guerra de la burguesía en defensa de su dominio sobre la sociedad. Con este capitalismo, socialista por decreto, la pequeña burguesía neomenchevique quiere mantener al proletariado ilusionado con la democracia burguesa, desclasarlo y eliminar su instinto para sublevarse y hacer la revolución social.

1.2   La base del SSXXI es la propiedad privada de los medios de producción de la sociedad y su instrumento es el Estado —el abogado y soldado de la burguesía— que la garantiza. Su ejecución depende de la continuación de la esclavitud del proletariado y su producción de riqueza social suficiente para mantener la democracia como la manera en que las clases luchan para posesionarse de la parte de la riqueza social que necesitan para asegurar su existencia y reproducirse. En esta lucha, la burguesía lleva la ventaja, legal y militar, que el Estado le concede para que pueda mantenerse en su posición de clase dominante en la pirámide del capitalismo.

1.3   Los agentes de este plan lo presentan como el instrumento con que es posible domesticar a la burguesía y socializar el capitalismo aumentando el poder adquisitivo del proletariado por medio de un ajuste superficial del precio de los bienes de consumo al valor del trabajo que los produce. Esta reforma de la relación entre el explotador y el explotado, presuntamente, sería aceptada por el explotador y, consecuentemente, crearía armonía entre ellos dentro de las fronteras militares de la propiedad privada de los medios de producción custodiadas por el Estado. De esta manera, el SSXXI disolvería la lucha de clases, la rebelión del proletariado y la necesidad de la revolución social. Sin embargo, el valor del trabajo es el precio que la clase que lo compra, la burguesía, determina con el poder del Estado en la forma de un salario mínimo calculado para mantener al proletariado en la esclavitud. Además, el precio de los bienes de consumo producidos por el proletariado con su trabajo también es controlado por la burguesía como el ejercicio de su libertad constitucional.

1.4   Como concepto, el SSXXI fue ensamblado por la vanguardia ideológica-política de la pequeña burguesía con los fósiles ideológicos del menchevismo. Uno de esos fósiles es el argumento de que la realización del socialismo depende del desarrollo del capitalismo a través de la democracia burguesa animada con el plasma del proletariado. El motivo de la pequeña burguesía, reflejado en dicho concepto, es su preocupación por la creciente actividad predatoria de la burguesía que amenaza con exterminarla. Dicha preocupación es producto del terror de la inseguridad existencial que la burguesía infunde en la mente de las demás clases con su lucha —desleal, codiciosa y violenta— en contra de ellas para derrotarlas y apropiarse de la mayor parte de la riqueza social que el proletariado produce con su trabajo. Para preservar su posición en la pirámide movediza de las clases del capitalismo, la pequeña burguesía asume la función de proveedora de ideas para reformar las leyes de la lucha de clases y así evitar su desaparición como la clase afín a la burguesía.

1.5   El contexto en que el concepto surgió continúa siendo la animalización de la sociedad y destrucción de su elemento bajo la dictadura de la burguesía e Iglesia. Esta decadencia es exacerbada por la corrupción del Estado que la burguesía secuestró y convirtió en la fuerza de choque con que impone su inmoralidad como la ley de la sociedad. El Estado es un aparato de secretos, espionaje, propaganda, guerra y despilfarro del tesoro público controlado por una burocracia aburguesada, corrupta e insensible a la esclavitud del proletariado que la mantiene.

1.6   La coyuntura de la lucha de clases en que los líderes del SSXXI han tratado de integrarlo a su programa de gobierno está compuesta de los elementos siguientes:

1.6.1   la derrota del proletariado por parte del Politburó del Partido Comunista de la Unión Soviética —bajo el dominio del psicópata genocida, José Stalin— que convirtió el Estado en un instrumento de terror que usó para constituirse como casta parasitaria y privilegiada;

1.6.2   el colapso de las dictaduras estalinistas totalitarias bajo el peso de la corrupción de las castas de criminales —pequeñoburguesas y privilegiadas— que las imponían con la hoz y el martillo;

1.6.3   la traición del proletariado por parte de la pequeña burguesía representada por las dirigencias corruptas de los sindicatos, las guerrillas y los partidos políticos estalinistas, socialdemócratas e izquierdistas;

1.6.4   la continua victoria de la burguesía sobre el proletariado en su lucha por mantener su dominio sobre el Estado con la colaboración de la pequeña burguesía, estalinista y socialdemócrata, amontonada en los nuevos frentes populares como la llamada Coalición de la Izquierda Radical (Syriza) en Grecia y Podemos en España;

1.6.5   la continua lucha de la burguesía en contra del proletariado para mantenerlo derrotado y así poder someterlo a sus nuevos acuerdos de esclavitud, explotación y robo de la riqueza que produce con su trabajo como el llamado Acuerdo Transpacífico de Cooperación Económica liderado por el Estado imperialista yanqui;

1.6.6   el desclasamiento del proletariado y su decadencia bajo la dirección oscurantista de los vasallos de la burguesía: partidos políticos, sindicatos e Iglesia;

1.6.7   la guerra del patriarcado —representado en el Estado y la Iglesia— en contra de la mujer para mantenerla subyugada a la economía capitalista de la prostitución y al servicio del dios pene;

1.6.8   la victoria de los hombres de dios en su lucha en contra de la sociedad para tomar el poder del Estado e imponer la ley divina; y

1.6.9   la falta de un partido proletario —honrado, revolucionario y autónomo— que luche en contra del Estado con un programa de transición hacia la revolución social como la única forma de contener el avance de la burguesía hacia la destrucción total de la sociedad y Tierra.

1.7   El método para construir este socialismo del "salario equivalente al valor del trabajo" no es la lucha de clases, sino que la "democracia participativa" dentro de las fronteras militares de la propiedad privada de los medios de producción de la sociedad y ley de la desigualdad impuesta por el Estado. En América Latina, la democracia del SSXXI es decretada y controlada por la casta, pequeñoburguesa y católica, sucesora de la mentalidad rastrera de los encomenderos del Imperio Español e Imperio Yanqui que administra el Estado. Esta democracia es el instrumento con que dichos encomenderos imponen la nueva encomienda del Imperio Yanqui —representada por la Ley Monsanto— en sociedades donde la burguesía mantiene a las naciones indígenas y afrodescendientes subyugadas a la miseria que les impuso el Imperio Español y la Iglesia Católica Colonialista.

1.8   El fin de los partidos que dicen que el SSXXI es su definición política no es el socialismo como el resultado de la victoria del proletariado en su lucha en contra de su enemigo de clase, la burguesía, y la revolución social. El derrocamiento del Estado burgués; la restitución de los derechos humanos como los valores de la sociedad; la eliminación de la explotación de un ser humano por otro; la eliminación de la desigualdad; la restitución de los medios de producción a la sociedad; y el cambio del modo de producción no es el programa de gobierno de dichos partidos. Su objetivo es reformar el Estado —como se maquilla la cara de un cadáver para que no cause repulsión a quien lo vea— para evitar que el proletariado se subleve y haga la revolución social siguiendo su instinto de esclavo.

1.9   La justificación del SSXXI es la interpretación oportunista del golpe de Estado contrarrevolucionario que la casta estalinista cometió en contra del proletariado en la Unión de Repúblicas Socialistas Soviéticas (URSS) como la prueba de la imposibilidad del socialismo. En vez de revolucionarse —renunciar a sus privilegios y restituir el poder del Estado al proletariado— y llamar al proletariado a revolucionarse y revolucionar el Estado, dicha casta lo entregó desarmado a la nueva burguesía de la que pasó a ser parte. Sin embargo, esta interpretación de la traición de los discípulos de José Stalin es incorrecta porque el estalinismo no fue ni es socialismo, sino la dictadura del politburó impuesta por una casta, pequeñoburguesa y privilegiada, que aterrorizó al proletariado para parasitar de la riqueza social que producía con su trabajo. La razón por la que el socialismo no ha sido construido es porque el proletariado se encuentra en el estado de derrota —sin conciencia de clase, sin partido político y sin poder sobre las condiciones de su esclavitud— al que ha sido dirigido por la pequeña burguesía, estalinista y socialdemócrata, que es la colaboradora de la burguesía.

1.10   Los creyentes en el SSXXI confían —como lo hizo el gobierno socialdemócrata de la Unidad Popular (UP) dirigido por Salvador

Guillermo Allende Gossens— en que la burguesía y sus aliados —los usureros imperialistas, el generalato, el alto clero y la pequeña burguesía— se someterían a un gobierno que se proclame socialista por devoción a la democracia. Según esta creencia religiosa, la burguesía —la clase que ha existido por siglos como producto de su victoria en su lucha despiadada en contra del proletariado para robarse la riqueza social que produce con su trabajo— permitiría que dicho gobierno altere su relación con su enemigo de clase cambiando la naturaleza del salario —la provisión de boca de un esclavo— que es parte de la raíz de su conciencia de clase y así, sin oposición, ceder su dominio al "Estado socialista". Esta es la ilusión sobre la que está construido este socialismo sin proletariado, lucha de clases o revolución. El proletariado necesita saber que el SSXXI es otra propuesta de colaboración con la burguesía y reparación del capitalismo como la manera en que puede recibir un "salario justo" a cambio de la plusvalía —el plasma de la vida de la burguesía— que produce con su trabajo. En realidad, dicha propuesta no puede practicarse sin primero desarmar al proletariado y mantenerlo sujetado al Estado que es el guardián de su esclavitud.

1.11   La derrota del proletariado y cómo puede resolverla —luchando en contra de la burguesía, desarrollando su conciencia de clase y construyendo su partido revolucionario— no es el interés de los autores del SSXXI. La conciencia de clase de su sistema es la casta, pequeñoburguesa y socialdemócrata, que administra el Estado con la ley de la propiedad privada de los medios de producción en su mano derecha y una copia del SSXXI en su mano izquierda. Dicha casta se ha aprovechado de la derrota del proletariado para construir su fama y fortuna como los anestesiólogos de la burguesía encargados de mantenerlo con vida, pero con su conciencia adormecida por el populismo y el catolicismo. Estos sucesores de la casta de los encomenderos de indios —como José Daniel Ortega Saavedra, Nicolás Maduro

Moros, Rafael Vicente Correa Delgado, Tabaré Ramón Vázquez Rosas, Juan Evo Morales Ayma y Dilma Vana da Silva Rousseff— son miembros de la internacional de timadoras y timadores —disfrazados de izquierdistas católicos— que han ocupado la conciencia del proletariado y su dirección política con el fin de continuar usándolo como el chivo expiatorio de la inmoralidad de la burguesía y del capitalismo, y así pagar el interés sobre la deuda del Estado burgués a los usureros imperialistas atrincherados detrás del Fondo Monetario Internacional (FMI) y Banco Mundial (BM).

1.12 El credo de los encomenderos del SSXXI es el mismo que el de la burguesía —"dios, patria y libertad"— y la razón por la que luchan en contra del proletariado para mantenerlo sujetado a la falsa idea de que dicho lema representa su interés común con la burguesía. Los políticos sucesores de la mentalidad rastrera de los encomenderos del Imperio Español, Imperio Romano-Católico e Imperio Yanqui en América Latina adoptaron el SSXXI como el nuevo camuflaje con que esconden las tres inmoralidades que son la base del capitalismo, a saber: la inmoralidad de la burguesía, la inmoralidad del Estado y su inmoralidad como los sirvientes de la burguesía y del alto clero. Dichos políticos no luchan siquiera por la consecución del fin salarial del socialismo que dicen abrazar, sino por el mantenimiento de la derrota del proletariado para que continúe produciendo con resignación la plusvalía que la burguesía exige. En vez de incitar al proletariado para que luche por su emancipación de la esclavitud del salario, mantienen su conciencia subyugada a las tres obediencias que forman el cetro de la burguesía, o sea, la obediencia a dios, la obediencia al Estado y la obediencia a la ley de la propiedad privada de los medios de producción.

1.13 El SSXXI no ha revolucionado la conciencia del proletariado de sí mismo como la clase de los esclavos del capitalismo ni su relación con su clase enemiga, la burguesía, a quien sigue reconociendo como la propietaria de la riqueza que produce con su trabajo. La razón es que este socialismo, académicamente calculado, no es un concepto revolucionario abanderado por un partido armado de un programa de lucha para la transición al socialismo enraizado en la conciencia de clase del proletariado. El propósito de sus autores no es que su idea sirva de instrumento de lucha del proletariado por su liberación ideológica —del Estado, de la Iglesia y de los partidos políticos y sindicatos cuyas dirigencias representan los intereses de sus enemigos de clase— y su constitución como clase autónoma. Como idea reformista del capitalismo, este socialismo, al igual que el socialismo socialdemócrata o la democracia burguesa, depende del poder militar y oscurantista del Estado burgués y de la Iglesia, respectivamente, para forzar al proletariado a colaborar con la burguesía por el "bien común" y así perennizar las condiciones de su derrota.

2 La Inmoralidad de la Burguesía

La inmoralidad de la burguesía —que es la clase predadora de su misma especie— se revela en la explotación inhumana de las niñas y los niños. En esta foto, las niñas demandan la abolición de la esclavitud infantil en la manifestación del Día del Trabajo en la Ciudad de Nueva York en 1909.

2.1   La inmoralidad de la burguesía consiste en que es una clase de predadores de su misma especie, o sea, ladrones y mentirosos armados con la licencia que les conceden sus sirvientes que administran el poder del Estado. La burguesía ha robado los medios de producción de la sociedad que usa para explotar al proletariado y al resto de la sociedad. Los ladrones mienten diciendo que su posesión de dichos medios es el resultado de su esfuerzo y que su relación con el proletariado es producto de la libre empresa y la justicia representada por el salario mínimo. La verdad es que la burguesía posee los medios de producción porque constantemente hace la guerra en contra de las demás clases para mantenerlas desposeídas y la gana usando el poder del Estado y de la Iglesia como su fuerza de choque.

2.2   La vida inmoral de la burguesía es publicada en los medios de comunicación como honrada, piadosa y docente. Esta mentira es la influencia que la burguesía ejerce en la mente de las clases inferiores que la ven como un modelo de progreso deseable. Dichas clases usan el estilo de vida burgués para contrastar la inteligencia con la ignorancia, la riqueza con la pobreza, el poder con la debilidad y la belleza con la fealdad como las condiciones de la vida deseable e indeseable. La relación de esas condiciones con la vida de la nobleza y la vida de la plebe produce el deseo de poseer riqueza y poder por cualquier medio —incluyendo la corrupción— en la mente de las clases que la burguesía domina.

2.3   La inmoralidad es la base de la conciencia de la burguesía, del Estado y del capitalismo. La clase de los ladrones y mentirosos lucha —con la colaboración de los curas doctrineros y encomenderos socialdemócratas— en contra de las demás clases para mantener su inmoralidad como la moralidad oficial de la sociedad. La condición existencial de la burguesía y del capitalismo es la inmoralidad de la explotación de un ser humano por otro. Legalizada por el Estado y bendecida por la Iglesia, esta inmoralidad es la causa de la decadencia continua de la humanidad y Tierra.

2.4   La misión de los creyentes del Socialismo del Siglo XXI (SSXXI) es tratar de insertarlo en la inmoralidad de la burguesía como un principio ético que, presuntamente, serviría para moderar su ferocidad de animal predador de su misma especie. Estos misioneros parecen no saber que la inmoralidad es el instrumento con que la burguesía corrompe la conciencia de la sociedad, del Estado y de ellos mismos. Su buena intención choca contra la realidad de que la burguesía —estimulada por la lucha creciente de los usureros imperialistas para conquistar economías basadas en la esclavitud— está empujando a la humanidad hacia la tercera guerra mundial. Los socialistas del siglo XXI necesitan ser honestos y reconocer que la burguesía no quiere cambiar su inmoralidad por los valores de ninguna filosofía política o religión. La guerra que dirige diariamente en contra de sus enemigos de clase revela la conciencia de la burguesía y su fin. Para ser la clase predadora dominante de la sociedad, la burguesía necesita ser inmoral; de lo contrario, se expone al peligro de olvidar su verdadera identidad y ser derrotada en su lucha en contra de sus enemigos de clase.

2.5 La razón de ser de la burguesía es luchar en contra del proletariado para mantenerlo subyugado a su dictadura, extraer la plusvalía de su trabajo, acumular riqueza y vivir en la esterilidad de la opulencia coronada con la miseria que produce. El motivo de su lucha es su necesidad, predatoria y constante, de cazar para preservarse, reproducirse y mantener su dominio sobre su zona de caza a la que afectuosamente llama su patria. Su presa son las clases que ha desposeído y esclavizado al salario en la sociedad que mantiene cautiva con el poder del Estado y de la Iglesia.

2.6 La función de la burguesía en la sociedad es la de un animal predador de su misma especie que existe sólo para atacar, cazar, hartarse, reproducirse y expandir su zona de caza. Por consiguiente, el robo de los medios de producción de la sociedad; la explotación del proletariado para apropiarse de la riqueza que produce con su trabajo; la compra del trabajo del proletariado por un salario desigual a su valor humano; la venta de los bienes que el proletariado produce con su trabajo por un precio para obtener una ganancia individual; el fomento de la desigualdad; la lucha en contra de las demás clases para usurparles el poder del Estado y la corrupción de la conciencia del Estado son las actividades que la burguesía realiza para mantenerse como la clase predadora dominante de la sociedad. La burguesía no es una clase que es producto de la paz de la igualdad en la sociedad, sino de la desigualdad que ha producido con su guerra y pillaje.

2.7   Protegida por la armadura de su egoísmo e indiferencia social del Estado, la burguesía lucha en contra de las demás clases por la apropiación de la riqueza social que el proletariado produce con su trabajo y el control del Estado. Su agresividad empuja a las demás clases a seguir su ejemplo corrompiéndose para mantener las condiciones de su existencia. La enseñanza que la burguesía imparte a las demás clases es que el fin de acumular riqueza justifica el uso de los medios inmorales que son necesarios para lograrlo. El egoísmo, la mentira, la hipocresía, la competencia, la traición, el robo y la agresividad son las cualidades que la clase de los banqueros practica sin modestia en su relación con la sociedad como medios honrados de ganarse la vida. Disfrazada de feligrés y compatriota, la burguesía espía, difama, encarcela, aterroriza y mata a sus enemigos de clase usando al Estado como su abogado, juez, soldado, carcelero y verdugo.

2.8   El fin de la burguesía es mantener su sistema de explotación, el capitalismo, como la raíz moral y racional del Estado. El logro de este fin le permite alimentar su avaricia; defender su zona de caza; expandir su dominio; y disfrutar de la opulencia de su pillaje. Impulsada por su instinto de clase predadora dominante, ha convertido a la sociedad en su zona de caza y guerra en contra de sus enemigos de clase para mantenerlos incapacitados para oponerse a la ferocidad de su ambición. El Estado respalda su lucha violando los derechos de las demás clases y empujándolas a luchar entre ellas para posesionarse del sobrante de la riqueza social después de que la burguesía se ha robado la mayor parte.

De esta manera, la clase de los ladrones de los medios de subsistencia de la sociedad las mantiene en el estado que necesita para dominarlas, es decir, divididas, fatigadas por la explotación, emborrachadas e ignorantes de la causa de la desigualdad que les impone. Las consecuencias de esta lucha económica y política de las clases son la derrota de las clases esclavas del salario, la miseria, la animalización y la guerra.

2.9   La regla de conducta de la clase de los señores dueños de la tierra, el Estado y el capital es la libre empresa que justifica la explotación de un ser humano para obtener una ganancia individual como una actividad ética. La inmoralidad con que la burguesía practica su libertad es la moral que está de acuerdo con su conciencia de clase que desarrolló su derecho de propiedad y dominio a través de la guerra en contra de las demás clases, su derrota, su desposesión y su subyugación. La moral de la burguesía es la inmoralidad del capitalismo con que corrompe la conciencia de las nuevas generaciones para así formar a los generales de su ejército; papas de su iglesia; administradores de su Estado; y sus sicarios. Sus propagandistas se especializan en persuadir a sus víctimas de que el sistema de esclavitud capitalista —cuya basa es su explotación— es una condición natural de la sociedad y su vida en ella. De esta manera, convierten la mentira en verdad e incitan a los explotados a hacer la guerra de defensa de la burguesía y el capitalismo como los representantes del único modo de vida basado en la moralidad, la fe, el patriotismo, la libertad, la igualdad y la prosperidad para todos.

2.10   La burguesía es el azote de la vida y su elemento, es decir, devora todo lo que atrae a su avaricia y en la sociedad que habita la miseria de la mayoría que explota es la condición de su existencia. Esta clase no produce nada, excepto lo que necesita para defender y expandir su territorio, y aumentar su caza y poder. Los usureros burgueses manipulan la economía, endeudan a países, los saquean y después fuerzan al proletariado a pagarle intereses por préstamos que nunca recibieron usando al Estado como su fuerza de choque. Bajo su dictadura, el Estado está devastando a la clase trabajadora y empujándola hacia el crimen, la drogadicción y el suicidio. Asimismo, ha convertido a la Tierra en campo de pruebas de armamento nuclear y basurero de material radioactivo —con mares y atmósfera contaminados— donde la flora y fauna están desapareciendo. La muerte cotidiana de miles de seres humanos por el hambre o la guerra que causa no conmueven a la burguesía. Explotando al proletariado cruelmente se ha deshumanizado y convertido en un animal devorador que piensa con su estómago. Este animal se ha adaptado a la decadencia que ha creado en la misma forma en que se ha habituado a su inmoralidad: aparentando que no existe o negando su obligación social de resolverla. Bajo su dictadura inmoral, la sociedad está retrocediendo hacia el Estado oscurantista de los papas, señores feudales y generales.

2.11   La inmoralidad de la burguesía es una condición psicopática que está enraizada en su concepción de sí misma como clase superior al resto de la humanidad, dogmática y con derechos que creó conforme a sus necesidades de predador de su misma especie e incorporó a la Constitución del Estado. Derrotando a las demás clases en la lucha por la supervivencia, ha convertido su instinto en la conciencia del Estado. Este resultado de la lucha de las clases y la falta de revolución amenazan la destrucción de la humanidad y Tierra. La burguesía es una clase egoísta e incapaz de dirigir a la sociedad hacia el altruismo, la libertad, la igualdad y la fraternidad. Su inmoralidad es la condición de su existencia que no puede ser reformada con el concepto llamado Socialismo del Siglo XXI. Sólo quitándole los medios que usa para practicar su inmoralidad —el Estado y los medios de producción— con la revolución social es que la humanidad y su elemento podrán salvarse de ser destruidos completamente por la burguesía.

3. Derrota del Socialismo del Siglo XXI

Barack Hussein Obama II y Hugo Rafael Chávez Frías enseñándose los dientes y estrechándose las manos en la V Cumbre de las Américas, donde se reunieron los encomenderos de la burguesía y del alto clero criollo para reafirmar su vasallaje a la plutocracia neofeudal que domina el Imperio Yanqui. Chávez "hizo patente su voluntad de mejorar las relaciones con un 'quiero ser tu amigo' dirigido al presidente estadounidense." (El País) - Puerto España, Trinidad y Tobago, abril de 2009.

3.1   El Socialismo del Siglo XXI (SSXXI), como principio ético, no ha remplazado la inmoralidad de la burguesía como la raíz del capitalismo. La burguesía y sus propiedades —predadora de su misma especie, avariciosa, beligerante y traidora— continúa siendo la clase que es el modelo moral de la sociedad capaz de corromper a las demás clases, incluso el proletariado. La razón es que los partidos políticos gobernantes que dicen abrazar dicho principio —por ejemplo, el llamado Partido Socialista Unificado de Venezuela (PSUV)— no lo han convertido en un instrumento para revolucionarse, revolucionar su relación con el proletariado, revolucionar el Estado burgués y revolucionar el modo de producción dominado por la inmoralidad de la burguesía. Sin estas revoluciones continuas y los resultados necesarios, a saber: la libertad, el bienestar y el progreso del proletariado, el SSXXI continuará siendo una esperanza derrotada por la fuerza de la inmoralidad de la libertad de empresa que la burguesía impone en la conciencia de la sociedad como una forma honrada de ganarse la vida y la pedagogía para educar a las nuevas generaciones.

3.2   El triunfo de la llamada Mesa de la Unidad Democrática (MUD) sobre el llamado Gran Polo Patriótico Simón Bolívar (GPPSB) en las elecciones parlamentarias del 6 de Diciembre de 2015 en Venezuela fue la derrota del SSXXI y del proletariado adepto al PSUV que participó en dichas elecciones como uno de los componentes del GPPSB. Los candidatos del GPPSB no convencieron al proletariado de que votara por ellos como sus representantes mayoritarios en el parlamento. ¿Cómo podían convencer al proletariado de seguir comiendo gato mientras la burguesía, la pequeña burguesía, el alto clero, el generalato y la casta gobernante del PSUV se hartan liebre en la mesa donde coinciden la corrupción y la colaboración de clases? El proletariado votó por la MUD después de 9 años desde que su ídolo, Hugo Rafael Chávez Frías, declaró su adhesión al SSXXI.

3.3   La dirigencia del PSUV es parte de la casta política, de derecha e izquierda, que parasita del proletariado y goza de un modo de vida aburguesado sustentado por la riqueza social que el proletariado produce con su trabajo. Su relación con el proletariado no se basa en la igualdad y está separada por el Estado que usa para mantener las condiciones de su esclavitud.

Esta es la razón por la que el proletariado no reconoció al PSUV como su partido y, consecuentemente, no aceptó su programa de gobierno como el instrumento que necesita para luchar en contra de la burguesía y derrotarla como la única manera en que puede satisfacer sus necesidades, a saber: establecer su fuerza política como dirección social, romper el eslabón de la esclavitud del salario mínimo y ejercer su derecho humano de posesionarse de la parte de la riqueza que produce con su trabajo y necesita para vivir, progresar y disfrutar. Por consiguiente, el proletariado prefirió votar por el programa de la MUD que representa el interés de sus enemigos de clase —la burguesía y los usureros imperialistas— que están luchando por reconquistar el poder absoluto sobre el Estado.

3.4   La causa del voto del proletariado por el partido político de sus enemigos de clase es su falta de conciencia de clase y la falta de progreso en su nivel de vida como producto de su lucha bajo la política del PSUV. El proletariado votó en un estado de confusión de identidad social y fin político porque el GPPSB —que incluye al llamado Partido Comunista (estalinista) de Venezuela-PCV— no concatenó la miseria en que vive con un programa político revolucionario para capacitarlo para que luchara en contra de la burguesía para derrotarla, cambiar su relación de fuerza con ella y posesionarse de la riqueza que produce con su trabajo.

3.5   El GPPSB no perdió las elecciones, sino que no supo cómo ganarlas por su falta de integración con la conciencia del proletariado y su movimiento como la fuente de la política revolucionaria. El fin de su campaña política fue ganar curules en vez de desarrollar la conciencia de clase, la experiencia de lucha y la autonomía que el proletariado necesita para hacer la revolución social. La razón es que los miembros del parlamento constituyen una casta, parasitaria y aburguesada, que se adjudica salarios y privilegios que deriva del presupuesto público sustentado por la riqueza social que el proletariado produce con su trabajo. Su relación con el Estado como instrumento para mantener su parasitismo es la semilla de su corrupción.

3.6 Los socialistas del siglo XXI no promueven el desarrollo de la conciencia de clase del proletariado porque no quieren que sea una clase autónoma cuya lucha política puede terminar con su vida de negociantes de manos de obra prósperos. El voto del proletariado por la MUD desnudó al PSUV como un partido decadente, reacio a usar el poder del Estado que el proletariado le encargó para hacer la revolución que erradique el hambre que es una de las armas con que la burguesía lo debilita y derrota. La conexión del PSUV con el proletariado no es la lucha en contra de la burguesía para eliminarla como la causa de la decadencia de la humanidad, sino la ilusión de una revolución que sostiene con el poder del Estado con que también reprime su instinto revolucionario en aras de la colaboración de clases.

3.7 Durante su gobierno, la dirigencia socialista gobernante se ha dedicado a engordarse y engordar —con la riqueza social que el proletariado produce con su trabajo— a sus secuaces de la internacional socialista de timadores del proletariado y colaboradores, estalinistas y socialdemócratas, de la burguesía conformada, en parte, por las dirigencias del Partido Comunista (estalinista) de Cuba (PCC), Frente Sandinista de Liberación Nacional (FSLN) y Frente Farabundo Martí para la Liberación Nacional (FMLN). La derrota del PSUV es el resultado, en parte, de su imitación de la ideología, política y estilo de vida aburguesado de la casta parasitaria estalinista-castrista.

3.8 La derrota del SSXXI y del proletariado en Venezuela es otro resultado de la influencia perniciosa que la casta parasitaria estalinista-castrista —protectora del asesino de León Trotsky:

Ramón Mercader o Ramón Ivanovich López— ejerce sobre la mente de los llamados partidos del socialismo del siglo XXI en América Latina. Esta influencia conlleva los elementos del poder con que su líder —el psicópata genocida, José Stalin— derrotó al proletariado. El egoísmo, el oportunismo, la corrupción y la brutalidad son los instrumentos con que dicha casta sostiene su política de "socialismo" en su país y colaboración con la burguesía en los demás países. Los exdirigentes del Movimiento 26 de Julio (M-26-7) —pequeñoburgueses y nacionalistas— se apropiaron del Estado para fundirlo con su interés social y así establecerse como la nueva casta dominante de la sociedad. Con el poder del Estado convirtieron la revolución en una momia de culto que usan como su reliquia y autoridad moral para imponer su dictadura sobre el proletariado como socialismo.

3.9   Los estalinistas-castristas continúan luchando en contra del proletariado —que es la antítesis de su existencia de casta estatal privilegiada— para que no haga la revolución social con la que puede eliminar la desigualdad que ellos representan. La consecuencia de su lucha por su preservación es la contrarrevolución que están haciendo para ajustar el Estado cubano a la victoria de la burguesía imperialista por medio de la ley de restitución del valor de los medios de producción que la sociedad revolucionaria recuperó de manos de los ladrones y ley de inversiones extranjeras.

3.10   El SSXXI y el proletariado fueron derrotados en dichas elecciones porque sus líderes no establecieron una diferencia moral-revolucionaria entre ellos y sus oponentes. La dirigencia del PSUV causó su derrota con una política condicionada por su interés de casta, parasitaria y privilegiada, conforme con el Estado y la desigualdad social que caracteriza su relación con el proletariado. Esta relación refleja la influencia de la inmoralidad de la burguesía en la mentalidad y estilo de vida aburguesado de los líderes del SSXXI que los expone como simples negociantes de los esclavos que la burguesía necesita explotar para extraer la plusvalía de su trabajo.

3.11   El proletariado necesita aprender las lecciones de su experiencia como la única manera en que puede desarrollar su conciencia de clase, habilidad política para luchar en contra de sus enemigos de clase y construir su partido político con un programa de transición hacia la revolución social. La realización de estas tareas continúa siendo una necesidad, de vida o muerte, del proletariado como la clase de los esclavos del capitalismo bajo la dictadura de la burguesía, ahora con los acólitos socialistas del siglo XXI.

3.11.1   La elección del parlamento es una de las formas en que las clases luchan en contra de sus enemigos de clase para derrotarlos, conquistar el Estado y adecuarlo a su interés cambiando las leyes que rigen el robo de la riqueza social, del impuesto y del presupuesto público a su favor. El resultado de esta lucha determina la habilidad de las clases para obtener el poder que necesitan para asegurar su existencia y reproducirse. El proletariado debe de participar en las elecciones controladas por el Estado consciente de que el Estado es el candado —abogado, cura y soldado— con que la burguesía lo mantiene esclavizado al salario y, por consiguiente, su fin sólo puede ser lo que necesita hacer para emanciparse, o sea, derrocar al Estado.

3.11.2   El problema de la esclavitud del proletariado y la decadencia de la humanidad y Tierra —bajo la dictadura de la burguesía e Iglesia Católica Colonialista— no puede ser resuelto por un partido político pequeñoburgués con un programa para reformar el Estado, domesticar a la burguesía y socializar el capitalismo. La participación de diputadas y diputados proletarios en el parlamento debe de ser para denunciar al Estado como el juez y verdugo de la burguesía, los crímenes de la burguesía que el Estado encubre y la infamia de las diputadas y los diputados que sirven de acólitos de la inmoralidad de la burguesía y del alto clero.

3.11.3 Los parlamentarios de la MUD que el proletariado eligió usarán su poder para hacer la guerra en su contra con el fin de despojarlo —económica, política y psicológicamente—, mantenerlo en un estado de derrota y así fortalecer a la burguesía como la clase dominante. Antes de que la burguesía y sus soldados lo desangren una vez más, el proletariado necesita exigir a la dirigencia del PSUV que rompa su alianza "patriótica" con la burguesía y adopte un programa de gobierno independiente para quitarle las armas con que causa la desinformación, la carestía y el hambre que son las semillas con que cultiva la contrarrevolución. Esta es la única forma en que el PSUV puede ganarse el apoyo del proletariado, recuperarse de su derrota y evitar que la burguesía y sus soldados lo derroquen.

3.11.4 El proletariado necesita armarse con su conciencia de clase, autonomía, partido revolucionario y programa para luchar en contra de la burguesía como la transición hacia la revolución social. El fin de esta lucha debe de ser desarraigar a la burguesía de los medios de producción y del Estado con que ejerce su dominio y causa la decadencia de la humanidad y Tierra. Esta es la única manera en que el proletariado puede superar su derrota y establecerse como fuerza política revolucionaria en la arena de la lucha de clases capaz de lograr la satisfacción de sus reivindicaciones. Además, sólo luchando en contra de los ladrones —de la energía del trabajo humano, la tierra, la comida y el dinero— es que podrá ganar el apoyo de sus víctimas en el camino hacia la emancipación de la sociedad del sistema capitalista y el término de la animalización que incita.

Conclusiones

Las trabajadoras de la cadena de tiendas Woolworth en Detroit, Michigan, U.S., se tomaron la tienda, el 27 de Febrero de 1937, para demandar la semana de trabajo de 40 horas. Así, las mujeres se pusieron, una vez más, en la vanguardia de la lucha del proletariado en contra de la burguesía.

A. El Socialismo del Siglo XXI (SSXXI) no es un instrumento revolucionario que sirve para desarraigar a la burguesía del Estado y de los medios de producción como la única manera de evitar que continúe exterminando a la humanidad y Tierra. Este socialismo es antisocialista y sirve a los partidos políticos pequeñoburgueses de "la izquierda" que administran el Estado burgués para mantener la mente del proletariado ilusionada con el salario como el fin de su libertad de esclavo y su "justa" parte de la riqueza social que produce con su trabajo. Los autores de este concepto no lo escribieron para estimular el desarrollo de la conciencia de clase del proletariado y su capacidad para hacer la revolución social con sus manos —como un acto creativo— y no por medio de la reforma legislativa del capitalismo. La razón es que el proletariado no es la clase de los socialistas del siglo XXI, sino la pequeña burguesía. La clase de los pequeños competidores de la burguesía no está interesada en eliminar el capitalismo porque es la condición de su existencia como clase desigual al proletariado cuya ambición es integrarse a la burguesía. Por consiguiente, el SSXXI es un concepto que es parte de la anti-revolución que la pequeña burguesía neomenchevique está dirigiendo como la Quinta Columna de la burguesía en las filas del proletariado.

B. Este socialismo antisocialista es un llamado de atención de la pequeña burguesía a su clase afín, la burguesía, para que no continúe destruyendo al proletariado porque es la única clase que con su trabajo produce la riqueza social que necesitan apropiarse para asegurar su poder y reproducción como clases superiores afines. Sus autores lo crearon como un experimento académico para ajustar el capitalismo con una "democracia participativa" —decretada por el Estado— cuya condición es la existencia de la burguesía y del proletariado como las clases de los amos y esclavos de la sociedad, respectivamente. Con este concepto sus autores también ofrecen una lección de economía política a la burguesía, a saber: adoptar su socialismo como un eslabón democrático del sistema de esclavitud que es el capitalismo es más económico que el costo que acarrearía la explosión de la justa ira del proletariado y una revolución.

C. El método del SSXXI es el mismo que el de los partidos políticos y sindicatos neomencheviques, estalinistas y socialdemócratas, es decir, fomentar la colaboración del proletariado con su enemigo de clase, la burguesía. La justificación de esta colaboración que los reformistas del capitalismo siguen repitiendo es que la burguesía es la clase de cuya existencia depende el progreso del proletariado hacia el socialismo. La basa de este método es la raíz común de la pequeña burguesía y burguesía en el capitalismo; la alianza histórica de la pequeña burguesía con la burguesía en la lucha en contra del proletariado; y la ilusión política de que es posible reformar la constitución del Estado burgués para crear, en este caso, un socialismo salarial. Este método antirevolucionario presupone que la burguesía no haría la guerra para defender su derecho de determinar el precio del trabajo del proletariado que es uno de los elementos principales de su dictadura.

D. Los intérpretes del SSXXI en América Latina son cabezas de Estados neocoloniales y católicos que son producto de la guerra de deshumanización y desposesión del Imperio Español, Imperio Católico e Imperio Yanqui en contra de las naciones indígenas y afrodescendientes. Dichos líderes representan el interés de la pequeña burguesía de servir a la burguesía como la nueva casta de encomenderos recogedores del tributo de los esclavos que mantienen al Estado y a la Santa Madre Iglesia Católica Colonialista. Su misión socialista es similar a la de Bartolomé de Las Casas, es decir, preservar la vida del esclavo para que continúe trabajando para mantener el sistema de su esclavitud, dios y patria, a través de todas sus generaciones. Los encomenderos neomencheviques como frailes hoy preguntan a la burguesía: ¿Qué hará su majestad cuando ya no queden proletarios para producir su plusvalía? Esta es la razón por la que el SSXXI aboga por el justo valor del trabajo del proletariado, pero sin alterar la raíz de su esclavitud, o sea, la propiedad privada de los medios de producción de la sociedad impuesta como ley por la burguesía con el poder del Estado.

E. Los autores del SSXXI y sus discípulos no confrontan a la burguesía como la causa de la crisis mortal de la humanidad y su elemento. La burguesía ha dominado a la sociedad humana como un predador de su misma especie que la ha usado como su zona de caza y guerra por siglos. El instinto de este animal lo impulsa a luchar en contra de las demás clases, constantemente, para derrotarlas, robarse la mayor parte de la riqueza social —que el proletariado produce con su trabajo—, expandir su zona de caza para aumentar su poder, reproducirse y vivir en la esterilidad de la opulencia y la vanagloria. La burguesía puede imponer su animalidad sobre la sociedad porque ha convertido al Estado y a la Iglesia en la fuerza de choque con que defiende su inmoralidad como la moral oficial de la sociedad y la destrucción que causa como progreso. La inmoralidad de la burguesía es la conciencia del Estado y base del capitalismo del que depende la existencia de sus aliados: la pequeña burguesía, la burocracia sindical, el alto clero y el generalato.

F. La pequeña burguesía que los neomencheviques autores del SSXXI representan es una clase enraizada en el capitalismo y, por consiguiente, su existencia depende de la burguesía y la fiereza con que este predador dominante de la sociedad se apropia de la riqueza social que el proletariado produce con su trabajo. El instinto predatorio, la brutalidad, la inmoralidad y el estilo de vida opulenta y estéril de la burguesía son las propiedades que la pequeña burguesía usa para engendrarse y delimitarse como clase opuesta al proletariado. La pequeña burguesía no posee la fuerza necesaria —la autonomía, la voluntad, el coraje y la determinación— para hacer una revolución social, amén de que sea forzada a hacerlo por el empuje revolucionario del proletariado. Esta es la razón por la que los autores del SSXXI no escribieron un programa para hacer la revolución social con el proletariado como su clase dirigente. El fin de la conciencia de la pequeña burguesía y sus partidos políticos de "la izquierda" —estalinistas, socialdemócratas, socialistas del siglo XXI después de Cristo y frenteamplistas— es canonizar a la democracia burguesa *in saecula saeculorum*. Por consiguiente, son parte de la corriente antirevolucionaria estimulada por la decadencia de la burguesía; la traición del proletariado —por parte del estalinismo y la socialdemocracia—; y la falta de rebelión del proletariado y un partido político revolucionario capaz de dirigirlo hacia la victoria.

G. La decadencia de la humanidad y Tierra puede ser resuelta sólo a través de una revolución social liderada por el proletariado para eliminar el Estado y capitalismo que son los principales instrumentos con que la burguesía esclaviza a la sociedad, la deshumaniza, corrompe y destruye. Esta decadencia es efecto de la falta de revolución y acumulación de las derrotas que la burguesía continúa asestando al proletariado. Estas derrotas, a su vez, son producto de la relación del proletariado con la pequeña burguesía representada por las dirigencias de los partidos políticos y sindicatos estalinistas y socialdemócratas. La pequeña burguesía usa al proletariado como la carne de su cañón en su lucha en contra de la burguesía por el poder que necesita para preservarse y continuar reproduciéndose como clase afín a la burguesía. Después de que la pequeña burguesía ha obtenido la parte del poder del Estado que necesita para mantener su posición en la lucha de clases, traiciona al proletariado y lo sacrifica en la mesa de la corrupción y la colaboración con la burguesía.

H. El SSXXI es un instrumento que los partidos políticos de la pequeña burguesía de "la izquierda" han adoptado para tratar de proteger a su clase de los efectos destructivos del capitalismo y la posibilidad de que estimulen al proletariado a rebelarse en contra del Estado burgués. Como ética para un "buen gobierno" o "fertilizante" del capitalismo para que dé el fruto de la equidad, esta prescripción política neomenchevique no puede resolver la decadencia de la humanidad y Tierra. Esta decadencia no es producto de una "mal gobierno" o la falta de una política gubernamental "socialista" para controlar el egoísmo del capitalismo, sino de la animalidad de la burguesía e inmoralidad de su doctrina de libertad de empresa. Esta inmoralidad —contenida en el robo de los medios de producción de la sociedad, la explotación del proletariado y el robo de la riqueza social que el proletariado produce con su trabajo— es la condición de la existencia de la burguesía y del capitalismo. La burguesía no se formó luchando por establecer la honradez y la igualdad en su relación con las demás clases. Al contrario, esta clase de usureros y mercaderes de armas es producto de su lucha por la creación de una clase de esclavos que le sirva para alimentar su falsa conciencia de superioridad al resto de la humanidad.

I. La burguesía no puede existir y el capitalismo no puede funcionar en una sociedad gobernada por un gobierno moral que produzca igualdad, bienestar y progreso social. Bajo esta clase de gobierno, la burguesía sería una clase sin juez y verdugo, expuesta al peligro de perder su poder de predador libre y dominante de la sociedad en la lucha de clases. Cuando un gobierno honrado trata de cumplir con su deber de restituir el Estado a la nación y cambiar su función social, la burguesía lo derroca y desangra a las clases que lo apoyan para incapacitarlas y desmoralizarlas por generaciones. Esta es la condición real de la burguesía y el fin de su relación con la sociedad. La incapacidad de la burguesía para revolucionarse y revolucionar el capitalismo para eliminar la desigualdad social y la incapacidad del proletariado para revolucionarse y hacer la revolución para desarraigar a la burguesía de los medios de producción de la sociedad y del Estado ha producido la emergencia de la pequeña burguesía de "la izquierda" como la vanguardia de la antirevolución con un discurso neomenchevique para el siglo XXI.

J. El Socialismo del Siglo XXI es un espectáculo ajustado a la Constitución en el cual la pequeña burguesía de "la izquierda" y sus partidos políticos que administran el Estado burgués exhiben su corrupción. El fin político de este show es contener el desborde del proletariado desposeído, hambreado y asesinado por la burguesía con el arma del capitalismo que sus colaboradoras y colaboradores socialistas en el parlamento —que determina que el hambre no es un crimen de la burguesía— esconden debajo de sus togas democráticas. De esta manera, la dirigencia neomenchevique del siglo XXI demuestra su incapacidad para hacer la revolución social o, por lo menos, luchar en contra de la burguesía y forzarla a cumplir con los términos de su democracia, es decir, pan y libertad para los esclavos que producen la riqueza social que se roba. El estímulo de este show es el aumento de la rapacidad de la burguesía —mayor acumulación de la riqueza social y disposición para matar a sus enemigos de clase— que amenaza la eliminación de la pequeña burguesía. La base de dicho espectáculo es la derrota del proletariado por parte de la burguesía con la colaboración de la pequeña burguesía de "la izquierda" a través de sus partidos políticos y sindicatos estalinistas, socialdemócratas y frenteamplistas de la clase vil de Syriza.

K. El espectáculo que dirigen los mencheviques del siglo XXI es parte de la antirevolución de la pequeña burguesía para preservar a la burguesía como el modelo de su ambición y al capitalismo como su sistema bancario. El instrumento de la antirevolución socialista es el Estado que es el juez y verdugo del régimen de la desigualdad social sin el cual la pequeña burguesía perdería su conciencia de clase superior y opuesta al proletariado. Los partidos pequeñoburgueses neomencheviques que administran el Estado burgués extraen el costo de este espectáculo —el mantenimiento del Estado, la alimentación privilegiada de la burocracia, el pago del interés sobre la deuda del Estado a los usureros imperialistas y el presupuesto militar de la democracia— de la sobreexplotación del cuerpo del proletariado.

VII. La República que conciben los partidos republicanos no es una República dirigida por motivos sociales o económicos de clase, sino un régimen de libertad democrática, impulsado por razones de interés público y progreso social. Programa del Frente Popular (España) - Wikipedia

Epílogo: El Frente Amplio

Angela Dorothea Merkel —encomendera de la burguesía imperialista europea y líder de la Unión Democrática Cristiana alemana— estrechando su interés de clase común con Alexis Tsipras, encomendero socialdemócrata de la burguesía griega y líder de la Coalición de la Izquierda Radical (Syriza). Ambos se pusieron de acuerdo para derrotar al proletariado y ofrecerlo como chivo expiatorio a la burguesía.

El Frente Amplio (FA) es un partido político pequeñoburgués cuya dirigencia está conformada por miembros de la *intelligentsia* que —como Alexis Tsipras, líder de la Coalición de la Izquierda Radical (Syriza) y Patricia Mora Castellanos, líder del Frente Amplio de Costa Rica— fueron miembros de partidos estalinistas —que sus autores continúan llamando, falsamente, marxistas-leninistas— antes de que descubrieran la conveniencia de la política socialdemócrata como medio para ganarse una curul en el parlamento y así gozar del usufructo del Estado burgués. La confortabilidad social del parlamentarismo —como actividad política opuesta a la lucha de clases— es la condición de la existencia del FA. Por consiguiente, su programa —"socialismo democrático" en algunos casos— se ajusta a la dictadura de la burguesía como un muro de contención del desborde social. La base ideológica del FA son los falsos conceptos —patria, ciudadanía, libertad de empresa y democracia— con que la burguesía lucha en contra del proletariado para mantenerlo cautivo en la ilusión de que tiene una patria y un gobierno.

La propuesta del FA es que la decadencia del Estado —que es el reflejo de la decadencia de la burguesía y del capitalismo— puede ser resuelta por medio de un gobierno amplio, es decir, ni burgués ni proletario. Sin embargo, la constitución de este gobierno sin clase tendría que ser el derecho de la burguesía a poseer los medios de producción de la sociedad que usa como las armas con que explota al proletariado. De otra manera, el FA tendría que enfrentarse al ataque inevitable de la burguesía y derrotarla como la única forma en que podría mantenerse como gobierno autónomo.

Históricamente, la pequeña burguesía ha demostrado, con el voto o fusil en su mano, —como lo hizo la Coalición de la Izquierda Radical (Syriza) y el Frente Sandinista de Liberación Nacional-FSLN— que su interés al afrontar a la burguesía no es desarraigarla como el parásito agresivo de los medios de producción de la sociedad cuyo escudo es el Estado. El fin de su lucha es reformar la conciencia de la burguesía —de animal predador de su misma especie— para que acceda a una división más justa entre ellas del robo de la riqueza social y no extermine al proletariado porque es la clase de los esclavos que necesitan explotar para extraer la plusvalía de su trabajo.

La razón por la que la pequeña burguesía no ha eliminado a la burguesía —aun cuando le ha quitado el poder del Estado— es porque no quiere cortar el cordón umbilical, de fiel vasallaje y admiración, que la une a la burguesía. Asimismo, la pequeña burguesía está consciente de que el derrocamiento de la burguesía podría ser el fin de la desigualdad y, por ende, de las clases. La burguesía es el modelo que la pequeña burguesía imita en su mentalidad, estilo de vida y ambición. Las propiedades con que la burguesía domina a la sociedad —inmoralidad, egoísmo, avaricia, opulencia, acometividad e insensibilidad social— son los estimulantes de la lucha de la pequeña burguesía en contra del proletariado para mantener su posición en la pirámide movediza del poder de las clases en el capitalismo. El proletariado no es la clase con que la pequeña burguesía quiere fusionarse para luchar en contra de la burguesía y eliminar la desigualdad que les impone. Por consiguiente, la pequeña burguesía sigue el ejemplo de la burguesía y lucha en contra del proletariado para mantenerlo como la clase de los esclavos de la sociedad que produce la riqueza social que usa para vivir como una clase superior.

El FA no puede ser un partido político amplio en una sociedad estrechada por la insaciable avaricia de la burguesía y su continua lucha en contra de las demás clases para desposeerlas económica y políticamente. Amplio es sólo la ilusión que este adjetivo político sugiere y es todo lo que su dirigencia puede ofrecer. El capitalismo —la sociedad en que el frente trata de hacer su política— es una sociedad dividida por la burguesía en base a su poder —que es ejecutado por el Estado— sobre los medios de producción que ha robado a la sociedad. Este robo continuo produce la clase de los desposeídos —representada por el proletariado— a quienes la burguesía roba la riqueza social que producen con su trabajo. La relación de amo a esclavo que la burguesía impone al proletariado con el fusil del Estado y su necesidad de luchar para mantener esta desigualdad como igualdad constitucional son los factores que condicionan la política en el capitalismo y la razón del Estado.

La desigualdad es la condición de la existencia de la burguesía y su afín, la pequeña burguesía. Estas clases alimentan su conciencia y estilo de vida de opulencia estéril con la riqueza social que el proletariado produce con su trabajo. Consecuentemente, sus partidos políticos construyen sus programas de gobierno sobre la desigualdad encubierta con la falsa libertad de empresa que es la condición de la libertad de voto. El motivo del FA es el terror de la pequeña burguesía ante la creciente actividad predatoria de la burguesía que amenaza con proletarizarla. Eliminar la desigualdad no es el fin del FA, sino que ajustar las leyes del Estado —que salvaguardan a los ladrones de la riqueza social— a las necesidades de la pequeña burguesía.

La lucha de la pequeña burguesía por su supervivencia choca, inevitablemente, contra la realidad política de que la burguesía domina la distribución de la riqueza social entre las demás clases y el presupuesto del Estado. Este dominio es producto de la lucha —decidida, inhumana y permanente— de la burguesía en contra de las demás clases para supeditarlas a su interés. Después de que la burguesía se ha apropiado de la parte de dicha riqueza que necesita para mantener su poder, reproducirse y asegurar su supervivencia a través de la lucha de clases, las demás clases tienen que luchar por la distribución de las sobras. La necesidad de la burguesía de mantenerse como la clase predadora de su misma especie que domina la vida de la sociedad la impulsa a luchar en contra de la pequeña burguesía para evitar que se posesione de una cantidad de la riqueza social que le permita tomar el poder del Estado y cambiar su supremacía en la relación de fuerza entre las clases en su lucha por la supervivencia. Asimismo, esta es la razón por la que la burguesía lucha fieramente por el control del Estado que usa como la institución de su conciencia, fuerza de choque y guarida. El Estado es el juez y verdugo de la burguesía; si no lo controla, pierde su habilidad para mantener las condiciones de su vida de predador dominante, es decir, controlar su zona de caza, atacar y defenderse.

La burguesía está consciente de que no puede dejar la administración del Estado y su dictadura —particularmente sobre el proletariado— a un gobierno que no es suyo. Esta es la razón por la que la burguesía nicaragüense —con el apoyo del Imperio Yanqui y de la Iglesia Católica Colonialista— hizo la *Guerra de los Contras* en contra del gobierno del frente popular —llamado Junta de Gobierno de Reconstrucción Nacional (JGRN) que el FSLN instaló en 1979— hasta que lo reemplazó con su gobierno. La derrota del FSLN y del proletariado fue otra lección, clara y sangrienta, que la burguesía dio acerca de su conciencia de clase y como la aplica en su lucha en contra de sus enemigos de clase para derrotarlos y subyugarlos a su dominio. El Frente Amplio Antisomocista (FAA) —en cuya defensa la dirigencia del FSLN traicionó al proletariado y atacó a los revolucionarios— existió hasta el día en que la burguesía dio al FAA la puñalada por la espalda. Sin embargo, los neomencheviques continúan usando el frente amplio como una reliquia milagrosa.

La victoria de la burguesía nicaragüense y del Imperio Yanqui fue, en parte, el resultado de la política pequeñoburguesa neomenchevique, llamada frente amplio, que la dirigencia del FSLN aplicó con fidelidad a los acuerdos que hizo con la burguesía con la justificación de ganarse su apoyo al derrocamiento de la dictadura somocista. Siguiendo el consejo corrupto del castrismo-estalinismo y de la socialdemocracia, Los 9 Comandantes Sandinistas se negaron a hacer la revolución social; reprimieron la lucha del proletariado en contra de la burguesía; y colaboraron con la burguesía para que se mantuviera como la clase predadora que dominaba la vida de la sociedad con el capitalismo y el poder del Estado. La dirigencia sandinista-católica empujó al proletariado al estado de derrota —colaboración con la burguesía, desclasamiento y fe— en que lo ha mantenido por 36 años. Ninguno de Los 9 Comandantes Sandinistas fue herido o muerto en la *Guerra de los Contras*. Su relación con la defensa de la revolución que expropiaron al proletariado estuvo condicionada por su interés de clase, afinidad con la burguesía y ambición. El frente amplio produjo la derrota del proletariado y la corrupción del FSLN que se convirtió en un partido pequeñoburgués, católico y encomendero de la burguesía.

La pequeña burguesía no ha podido convertir el frente amplio en un gobierno capaz de sostenerse en la agitación de la lucha de clases porque carece de la autonomía, la convicción, la coherencia, el coraje y la determinación que son los instrumentos psicológicos necesarios para derrotar a la burguesía y convertirse en la clase gobernante. Entonces, el gobierno que el FA pretende establecer sólo puede ser el gobierno de la burguesía; de otra manera, tendría que hacer una revolución para quitarle el poder del Estado y establecer un gobierno autónomo. Este gobierno podría sostenerse sólo si el FA hace una alianza, honrada y decidida, con el proletariado para luchar en contra de la burguesía hasta desarraigarla de los medios de producción de la sociedad y del Estado.

La traición del proletariado por parte de la dirigencia de la Coalición de la Izquierda Radical (Syriza) demostró, una vez más, que la pequeña burguesía —aunque proclame ser de "la izquierda"— no es honrada y no puede ser aliada del proletariado en su lucha en contra de la burguesía. Alexis Tsipras y sus compinches se negaron a cumplir con el mandato del electorado de resolver el hambre de las personas desposeídas causada por la burguesía, el capitalismo y los usureros imperialistas. Syriza se corrompió al entrar en contacto con la corrupción del Estado burgués y corrompió dicho mandato usando el poder del Estado para reprimir a sus electores y subyugarlos al pago de la deuda de los usureros imperialistas como el imperativo moral de su gobierno. La conducta que la dirigencia de "la izquierda radical" griega exhibió durante el ataque de la burguesía para reafirmar su dominio sobre el Estado —hipócrita, vacilante, servil, vil y traidora— fue su imitación de la conducta de los negociadores de sangre proletaria, socialdemócratas y estalinistas, en el mercado de la burguesía.

La razón de la conducta de la pequeña burguesía de "la izquierda" es su condición de clase dependiente del capitalismo y, consecuentemente, del proletariado —que es la clase de los esclavos del capitalismo— y del Estado que es el legislador de la inmoralidad de la esclavitud que es la base del capitalismo. Su ambición no es fundirse, ideológica y políticamente, con el proletariado, sino que ser una imitación de la burguesía cuya vida opulentamente estéril admira. Esta es la condición de su lucha política por su supervivencia. Para mantenerse como clase superior al proletariado y afín a la burguesía, necesita luchar en contra del proletariado —como lo hace la burguesía— para posesionarse de la mayor parte de la riqueza que el proletariado produce con su trabajo. El robo de la riqueza social es supervisado por el Estado que el FA pretende administrar a favor de la pequeña burguesía. No obstante, para tomar el poder del Estado, el FA necesita luchar en contra de los partidos políticos de la burguesía y derrotarlos. Esto puede lograrlo sólo usando la fuerza del proletariado y de las demás clases desposeídas por la burguesía. Por consiguiente, el FA usa la demagogia y su programa de gobierno "sin clase" como la red con que captura el apoyo de dichas clases para usarlas como la carne de su cañón en su lucha por la toma del poder del Estado.

El fin de clase de la dirigencia del FA es convencer al proletariado de que no es una clase con un interés histórico propio; la lucha de clases no es el método para tomar el poder del Estado; y la revolución social no es la manera de resolver la decadencia de la humanidad y Tierra que la burguesía y el capitalismo causan. La clase del FA es la de los abogados que legalizan la inmoralidad de la burguesía, orgullosamente representada por Alexis Tsipras y José Daniel Ortega Saavedra, líderes de Syriza y del FSLN, respectivamente. Esta clase de políticos pequeñoburgueses oportunistas —escoria de la libertad de empresa— han estado luchando por sustituir la lucha de clases con la colaboración de clases desde que sus antecesores, los mencheviques, se opusieron a la toma del poder por el proletariado en Rusia. El resultado de su lucha continúa siendo la victoria de la burguesía y la aniquilación del proletariado.

Desde que las dirigencias de los partidos estalinistas —llamados marxistas-leninistas falsamente— repudiaron el Manifiesto del Partido Comunista como el programa del proletariado para hacer la revolución social y se convirtieron en los acólitos del Frente Popular —bajo la dictadura del psicópata genocida, José Stalin—, el proletariado ha sido traicionado por las dirigencias de los partidos y sindicatos estalinistas y socialdemócratas, y derrotado por la burguesía. El estado de derrota y desperdigamiento político en que el proletariado se encuentra —falto de conciencia de clase y de un partido revolucionario con el que organizar su conciencia para hacer la revolución social— es la condición que determina la habilidad de la burguesía y pequeña burguesía para posesionarse de la mayor parte de la riqueza social que el proletariado produce con su trabajo. La perpetuación de este robo y la esclavitud del proletariado es el fin de los partidos políticos pequeñoburgueses disfrazados de socialistas. Estas son las condiciones de las que depende el poder que la pequeña burguesía necesita para asegurar su existencia y continuación como clase superior al proletariado a través de la lucha de clases que la burguesía genera impulsada por su insaciable ambición de dominio sobre la vida de la sociedad como un objeto de su mercado.

El proletariado puede posesionarse de la riqueza social que produce y necesita para vivir en un estado de bienestar y progreso sólo si establece su autonomía política, lucha en contra del Estado —que es el impositor del robo de la riqueza social como propiedad privada de sus enemigos de clase: la burguesía y la pequeña burguesía— y lo obliga a adoptar la ley del valor real de su trabajo. Si el proletariado se convierte en el agente de su conciencia de clase y lucha que tiene que hacer para emanciparse, la pequeña burguesía perdería la fuerza social que el proletariado aporta a su lucha —en contra de la burguesía y del proletariado mismo— para posesionarse de la riqueza social que necesita para mantener su posición en la pirámide movediza de las clases en el capitalismo. Por consiguiente, los partidos burgueses y pequeñoburgueses tienen que luchar en contra del proletariado para eliminarlo como clase competidora por la posesión de la riqueza social y del poder del Estado que necesitan para defenderse.

La ley inflexible de la lucha de clases —esgrimida por la burguesía— determina al FA como un enemigo de clase del proletariado cuyo fin es mantenerlo derrotado, desclasado, rezando y sin poder sobre la riqueza social que produce y el Estado que la determina como propiedad privada. Consecuentemente, la lucha de clases y sus resultados —el empobrecimiento del proletariado y enriquecimiento de sus enemigos de clase— obligan al proletariado a luchar en contra del FA como parte de la lucha que necesita hacer en contra de todos sus enemigos de clase, especialmente en contra de los que son la Quinta Columna de la burguesía disfrazada "de izquierda" como Syriza. El proletariado puede hacer esta lucha y ganarla sólo si se conciencia de que es la clase de los esclavos del capitalismo que ninguna otra clase puede liberar y construye su partido político para luchar por su emancipación armado de un programa de transición hacia la revolución social.

La pequeña burguesía que el FA representa está consciente de que tiene un interés común con la burguesía en mantener al proletariado como la clase de los esclavos sin la cual el capitalismo —del que depende su existencia de clases parasitarias— no puede funcionar. Esta es la razón por la que el gobierno que propone el FA no puede ser un gobierno que estimule la lucha del proletariado para emanciparse de la esclavitud que el Estado burgués le impone con la ley de la propiedad privada de los medios de producción y del salario mínimo. Además, la burguesía no permitiría, ni ha permitido, la existencia de tal gobierno porque socavaría el dominio absoluto que necesita tener sobre la vida del proletariado para poder mantenerse como la clase dominante.

La condición de la burguesía de clase económicamente dominante de la sociedad la obliga a dominar el gobierno y usarlo como el arma con la que lucha constantemente para mantener su dominio sobre la conciencia de la sociedad y sus condicionamientos. Esta lucha produce la política como la resistencia de las demás clases a la presión de la burguesía que causa su ruina. El amo lucha en contra del esclavo para mantenerlo esclavizado y el esclavo lucha en contra del gobierno del amo —que legaliza su esclavitud como parte de la libertad de empresa— para liberarse. La pequeña burguesía lucha en contra de la burguesía para que no siga empujándola hacia el agujero negro de la proletarización y del proletariado para que no haga la revolución social.

Los partidos políticos son los representantes de las clases que están conscientes de que necesitan luchar —con el voto o fusil en mano— para constituirse como el gobierno y así poder convertir su interés en ley. La victoria de la burguesía sobre las demás clases la capacita para determinar la conciencia y política del Estado. Esta es la verdad que la dirigencia frenteamplista no conoce o pretende ignorar. El Estado no es un instrumento con el que se puede satisfacer el interés de todas las clases que en el capitalismo son empujadas por la burguesía a luchar por la posesión de la riqueza social que el proletariado produce con su trabajo como la condición de su supervivencia. La necesidad de las clases de ganar esta lucha para poder asegurar su existencia y reproducción determina su adopción de la política como un instrumento de su lucha. La política de la burguesía se deriva de su condición de predadora de su misma especie que necesita luchar en contra de las demás clases para evitar que capturen su presa, defender su zona de caza y expandirla. La política del proletariado se deriva de su condición de esclavo-presa de la burguesía que necesita luchar para liberarse del sistema de esclavitud de la burguesía representado por el salario mínimo que es impuesto por el Estado para mantenerlo en la esclavitud.

La relación de la burguesía con el proletariado determina la política del Estado y la situación de la pequeña burguesía. Si el proletariado no lucha en contra de la burguesía, ésta avanza en su lucha en contra de la pequeña burguesía puesto que no está interesada en que se mantenga como una libre competidora en la lucha por la posesión de la riqueza social que el proletariado produce con su trabajo. La fiereza con que la burguesía lucha compele a la pequeña burguesía a luchar en contra de la burguesía para satisfacer su necesidad de posesionarse de la parte de dicha riqueza que necesita para mantenerse. La intelectualidad de "la izquierda" —que funciona como la vanguardia ideológica-política de la pequeña burguesía— organiza la conciencia de su clase en partidos políticos —etiquetados "frente amplio"— que usa como señuelos para atraer al proletariado hacia sus filas y así acumular la fuerza social que necesita para competir con los demás partidos políticos por el poder del Estado. El fin que la dirigencia del FA persigue como gobierno no es la creación de un Estado que garantice el bienestar social del proletariado, sino que el ajuste de las leyes del Estado que afectan la acumulación de riqueza con las necesidades de la pequeña burguesía. Si tal gobierno derogara las leyes de la pobreza —por ejemplo, la ley del salario mínimo de esclavitud— estimularía la reacción del proletariado y la revolución social que podría eliminar la raíz de la desigualdad social que es la base del Estado. Un gobierno del FA no aprobaría ninguna ley que cambiara la desigualdad social porque la pequeña burguesía no quiere dejar de ser una clase afín a la burguesía y superior al proletariado.

En la lucha entre la burguesía y el proletariado, la dirigencia pequeñoburguesa del FA opta por prestar su servicio patriótico a la burguesía como su Quinta Columna en las filas del proletariado. La dirigencia del FSLN demostró que el fin de la relación de la pequeña burguesía "rebelde" con el proletariado es derrotarlo para usarlo como el chivo expiatorio que entrega al Fondo Monetario Internacional (FMI) y Banco Mundial (BM), que son la fuerza de choque de los usureros imperialistas que son los dueños del Estado. Este fin criminal del FA también fue demostrado por la dirigencia pequeñoburguesa de la Coalición de la Izquierda Radical (Syriza) —formada por comunistas, socialdemócratas y trotskistas— que traicionó al proletariado. Alexis Tsipras y sus compinches ahora son los verdugos que colectan el interés de los usureros imperialistas armados con su plan de sobreexplotación del proletariado, subasta de la empresa pública y represión de las personas que el FMI y el BM desposeen y matan de hambre.

El FA no es un partido proletario cuyo fin es luchar en contra del Estado, que es el juez y ejecutor de la burguesía, y hacer la revolución social. Esta verdad la demuestra la dirigencia del Frente Amplio de Costa Rica (FACR) con su manifiesto político —pueril y cuidadoso de no blasfemar en contra del Estado-patria— que reza así: *"El Frente Amplio es democrático. Promete respetar el orden constitucional, de acuerdo con el sistema de democracia representativa y defiende las instituciones del Estado Social de Derecho."* (Wikipedia – 26/2/2016). En los términos de la lucha de clases que produjo al FACR, dicho "orden constitucional" es el resultado político de la victoria de la burguesía en su lucha en contra de las demás clases para robarse los medios de producción de la sociedad. Además, "las instituciones del Estado" son la fuerza de choque que defiende el derecho de ladrón y mentiroso de la burguesía. El objeto de la veneración del FACR es el Estado que la burguesía constituyó como el arma necesaria de su conciencia para defenderse de los contraataques de sus clases enemigas, a las que derrotó, desposeyó y subyugó a su dominio.

El orden que el FACR trata como como el modelo de su declarada condición democrática y ambición gubernamental no existe. Lo que existe es el Estado como el producto de la lucha de clases por medio del cual la clase victoriosa somete a las clases vencidas a la moral del pillaje que la burguesía defiende como su libertad de empresa. Esta es la relación de fuerza militar que dicho orden representa, es decir, el régimen que la burguesía impuso sobre la sociedad como la piedra angular de la constitución de su poder de ladrón y conciencia del Estado. La doctrina de este frente no es una política, sino una oda a una democracia —que es sólo una coyuntura temporal de la lucha de clases— cuya existencia depende del sometimiento del proletariado a la explotación de la burguesía y de la satisfacción de ésta con la cantidad de plusvalía que extrae de su trabajo.

Con su juramento de lealtad al Estado burgués, el FACR se declara defensor de la dictadura que la burguesía impone sobre la sociedad usando el Estado como su juez y verdugo. Asimismo, dicho juramento suprime la verdad de que Costa Rica es una sociedad que la burguesía dividió en clases antagónicas que luchan entre ellas por la posesión de la riqueza que el proletariado produce con su trabajo. Esta riqueza es la condición del poder que las clases necesitan tener para asegurar su existencia, reproducción y continuación a través de la lucha de clases con la que hacen su historia. Esta lucha y la necesidad de la burguesía de derrotar a las demás clases para mantenerse como la clase predadora dominante de la sociedad es la razón de ser del Estado. La supresión de la lucha de clases con el arma de la democracia burguesa, el Estado, es la razón por la que el FACR no declara la guerra en contra del Estado burgués en su manifiesto político y, en cambio, se rinde ante él. Asimismo, dicho juramento es una promesa de lucha en contra del proletariado para que no perturbe la democracia burguesa en que la pequeña burguesía —que la dirigencia del FACR representa— quiere vivir como una imitación idílica de la burguesía.

El Frente Amplio de Costa Rica (FACR) es producto de la academia de la democracia burguesa cuyo fundamento es la miseria —legislada por el Estado del que forma parte— y el excedente de riqueza que este crimen social produce. La riqueza social que el proletariado produce con su trabajo mantiene la teta de los privilegios que maman con gozo las parlamentarias y los parlamentarios de "la izquierda" del Estado. Esta es la razón por la que el FACR se confiesa democrático y no denuncia que la base de su loada democracia es la desigualdad social que la burguesía y el capitalismo causan. La democracia es la toga que los jueces y verdugos de la dictadura de la burguesía usan cuando la burguesía está satisfecha con la cantidad de plusvalía que extrae de la explotación de la vida del proletariado y su comportamiento en sus campos de concentración llamados fábricas, haciendas, iglesias y villas miseria. La democracia es una forma coyuntural-temporal de la lucha de la burguesía en contra de sus enemigos de clase que depende de la fuerza de la burguesía —su control del movimiento del Estado— para mantenerlos subyugados a su dominio. Cuando esta relación de fuerzas cambia la burguesía cambia la forma de su dictadura quitándose el gorro frigio y poniéndose el casco militar. Esta es la condición de la existencia de este frente ilusionado por el sabor del fruto del parlamento.

Históricamente, el Frente Amplio (FA) ha concluido como la Quinta Columna de la burguesía en su lucha en contra del proletariado. Las dirigencias frenteamplistas han demostrado que su fin ha sido el desclasamiento o desarme, ideológico y político, del proletariado para que no desarrolle su conciencia de clase y haga la revolución social que es la llave de su emancipación de la esclavitud del capitalismo. Esta es la verdad que Alexis Tsipras y sus compinches quintacolumnistas de la dirigencia de la Coalición de la Izquierda Radical (Syriza) demostraron traicionando al proletariado en Grecia. Syriza derrotó al proletariado porque éste —carente de conciencia de clase, programa y partido político revolucionario— creyó en la mentira de Syriza como verdad. El proletariado no discernió a Syriza como su enemigo de clase porque su conciencia está sedada por la política antirevolucionaria —estalinista y socialdemócrata— de colaboración de clases para resolver los problemas de la "patria" como la solución de su esclavitud. La derrota ideológica, política y militar del proletariado por parte de la burocracia contrarrevolucionaria dirigida por el psicópata genocida, José Stalin, es el ejemplo de la lucha de clases que influencia la conciencia de la dirigencia, pequeñoburguesa y neomenchevique, del frente amplio y programa para alimentar a la pequeña burguesía alimentando a la democracia burguesa.

El proletariado está derrotado porque se ha integrado a los partidos políticos y sindicatos dirigidos por los agentes de sus enemigos de clase impulsado por su necesidad y confusión política. Su equivocación ha producido su desclasamiento y, consecuentemente, lo ha convertido en el factor principal de su derrota. Esta es la razón por la que el proletariado carece de la fuerza ideológica-política necesaria para participar en la lucha de clases, vencer a sus enemigos de clase y posesionarse de la riqueza social que produce con su trabajo. Dicha fuerza es la conciencia de clase que el proletariado ha perdido como consecuencia de su adaptación a la ilusión de la democracia burguesa y su sistema de esclavitud, salario y crédito. Esta ilusión también condiciona la política de colaboración de clases que la dirigencia del FA —los sindicatos y partidos estalinistas, socialdemócratas y trotskistas que lo conforman— dicta al proletariado como la única manera de afrontar su esclavitud.

Los frentes amplios han sido usados por la burguesía como su señuelo para juntar e identificar a sus enemigos de clase y matarlos. Esta es la lección que la burguesía chilena continúa dando 42 años después de que aplastó al Gobierno de la Unidad Popular (UP) bajo la dirección del pequeñoburgués socialdemócrata, Salvador Guillermo Allende Gossens, y sus acólitos estalinistas. La UP entregó el poder del Estado al generalato —dirigido por el psicópata genocida Augusto José Ramón Pinochet Ugarte— para así demostrar a la burguesía la amplitud de la política de su gobierno. De esta manera, el Gobierno de Allende Gossens convirtió a la UP en instrumento antirevolucionario; pero, aun así, la burguesía decidió usar la decisión del gobierno popular en su contra. Usando "la lucha en contra del comunismo" como su justificación, Pinochet Ugarte y sus bestias —alimentados por la Agencia Central de Inteligencia del gobierno de la plutocracia imperialista yanqui— aplastaron al Gobierno de la UP y desangraron al proletariado y resto de la nación que libremente había elegido a Allende Gossens como presidente de la república democrática de Chile.

La sumisión, fiel y respetuosa, de las dirigencias pequeñoburguesas y neomencheviques de los frentes amplios a la democracia de la desigualdad social —que es el alimento concentrado de la panza del parlamento— como una institución sagrada que la burguesía y sus generales no violarían, continúa siendo el factor que determina el oportunismo de su política y disposición para traicionar al proletariado.

La vida que he vivido no es jactanciosa o glamorosa. Su magnitud es igual al número de átomos que son necesarios para crear un sueño. El único atributo que acarrea es la temporalidad de su presencia ideológica entre las otras criaturas de la naturaleza. La vida como vertebrado me habilitó para ascender la trayectoria lógica de la existencia humana y sentir la vibración del universo en mi ombligo.

Humberto Gómez Sequeira-HuGóS

Acerca del Autor

Biografía

Mi madre, Ana María Sequeira Viuda de Gómez, me contó que me parió en el cuarto donde vivía con mi hermano mayor, Franklin Bartolomé Gómez Sequeira, en el Gueto Santa Lucía de la Ciudad de Granada, Nicaragua, América Central. El Gueto Santa Lucía era parte del círculo de miseria que rodeaba el Palacio Episcopal y el Palacio Municipal. Estos centros continúan siendo las joyas que forman el cetro de los sucesores, burgueses y terratenientes, de la guerra de deshumanización y desposesión del Imperio Español e Imperio Católico en contra de las naciones indígenas y afrodescendientes.

Como heredera forzosa del empobrecimiento efectuado por los encomenderos y los curas doctrineros del Imperio Español, Ana María no pudo parirme en el Hospital San Juan de Dios que era propiedad de la Iglesia Católica Colonialista. Al escuchar sus quejidos, su vecina le dio los primeros auxilios hasta que llegó mi abuela materna, Dolores (Lola) Lacayo de Sequeira —la comadrona, sin título, de sus hijas—, quien la ayudó a alumbrarme. A las doce del mediodía, madre me dijo, salí de su útero bostezando y hambriento. Haber nacido a esa hora, me determinaba como un haragán, según el prejuicio que era parte de la mentalidad surgida del empobrecimiento, el oscurantismo católico y de la ignorancia científica. Mi mama Lola cercenó mi cordón umbilical y lo enterró en un hoyo en la Tierra, sin marca, el 12 de marzo de 1949.

Después que cumplí los tres años, sin haber emitido ninguno de los sonidos de la niñez, madre me dijo que empezó a temer que, tal vez, yo había nacido mudo. Para resolver su duda, un día me hizo una prueba para ver como yo reaccionaba: no me dio la botella de leche a la hora en que yo estaba acostumbrado a recibirla. "Entonces, viniste donde yo estaba, halaste mi vestido y me dijiste: 'mama, leche.' Y así me di cuenta de que eras normal." "Un día" —continúa madre narrando la historia de mi niñez— "bebiste de la lata en que guardaba la creolina porque eras comilón y, tal vez, pensaste que era leche (la creolina cambia su color de marrón negruzco a blanco cuando es mezclada con agua). Pero, gracias a dios, no te me moriste."

Educación

Diplomas

- Primaria: Escuela Padre Misieri - Granada, Nicaragua
- Secundaria: Colegio Salesiano San Juan Bosco - Título: Bachiller en Ciencias, Letras y Filosofía - Granada, Nicaragua
- Oficinista Industrial: *Associated Colleges of California* - Los Angeles, California, U.S.
- Asistente Jurídico Profesional: *American International Career College* - San Diego, California, U.S.

Exámenes Aprobados

- Servicio Civil: Gobierno de la Ciudad de Los Angeles – California, U.S.
- Notario Público: Gobierno del Estado de California – U.S.
- Traductor de Español a Inglés: *Los Angeles City College* – Los Angeles, California, U.S.

Estudios

- Ciencias Jurídicas: Universidad Centroamericana (UCA) - Managua, Nicaragua
- Inglés: *Alemany Adult High School* - San Francisco, California, U.S.
- *Associate of Arts*: *Los Angeles City College* – Los Angeles, California, U.S.
- *Graphic Design*: *Los Angeles Trade Technical College* – Los Angeles, California, U.S.

Becas

- Bachillerato: Colegio Salesiano San Juan Bosco – Granada, Nicaragua
- *Associate of Arts*: *Los Angeles City College* – Los Angeles, California, U.S.

Premios

- ➢ Primer Puesto: Concurso de Catecismo de la Iglesia Católica Colonialista - Granada, Nicaragua
- ➢ Cuadro de Honor: Colegio Salesiano San Juan Bosco – Granada, Nicaragua
- ➢ Lista de Honor del Decano: *Los Angeles City College* – Los Angeles, California, U.S.
- ➢ Segundo Puesto: Concurso de Discurso del Departamento de Inglés de *Los Angeles City College* – Los Angeles, California, U.S.
- ➢ Estudiante del Mes: *American International Career College* – San Diego, California, U.S.

Actividad Literaria

Premios

➢ Certificado de Excelencia en la Poesía - 1980
Otorgado por Teresinka Pereira, directora de la *Sociedad Internacional de Poesía.*

➢ Primer Puesto en Concurso de Poesía - 1989
Otorgado por Lillian Walsh, editora de la revista *For Poets Only (Para Poetas Únicamente)*, publicada en Jackson Heights, New York, U.S.

Libros Editados

➢ *Venus Is Bleeding (Venus Está Sangrando)* por Roxanna Gómez Sequeira
➢ *Please Don't Circumcise My Clitoris (Por Favor No Cercenen Mi Clítoris)* por Roxanna Gómez Sequeira
➢ *La Cocina De Mi Casa* por Marie Marín
➢ *El Salvador: La traición del Frente Farabundo Martí para la Liberación Nacional (FMLN)* por Armando A. Molina

Revistas Editadas

➢ Poema Censurado
➢ Rojo y Negro
➢ Lucha de Clases
➢ Sacrifica el Sentido Común

➢ Poesía Electrónica
➢ El Primate Darwiniano
➢ Politikos
➢ Mundo Químico

Contribuciones

➢ *LA* Weekly: Revista publicada en Los Angeles, CA, U.S.
➢ *Free Venice Beachhead*: Revista publicada en Venice, CA, U.S.

Actividad Laboral

> En Granada, Nicaragua, trabajé de vendedor (de flores y helados), lustrador, lazarillo, tutor de Álgebra, reportero (diario *El Mundo*), locutor (*Radio Sport y Radio Granada*) y obrero de fábrica.

> En San Francisco, California, U.S., trabajé de operador de máquina lavadora de platos en la cocina del *Fairmont San Francisco Hotel* por un salario de $1.00 por cada hora de trabajo.

> En Los Angeles, California, U.S., trabajé de operador de máquina lavadora de platos, empleado de supermercado, obrero de fábrica, oficinista, Notario Público, traductor (de español a inglés) y Especialista en Beneficios de Jubilación.

> En Los Angeles, California, U.S., en 1987, serví a la comunidad de trabajadoras y trabajadores inmigrantes indocumentados guiándolos en el proceso de comprensión del Acta de Reforma y Control de Inmigración de 1986 del Gobierno Federal de los Estados Unidos y obtención del material —datos, documentación, testimonios y traducciones— requerido por la ley para que pudieran solicitar amnistía y visa de inmigrante.

> En el Gobierno de la Ciudad de Los Angeles, California, U.S., trabajé en el Departamento de Jubilación treinta años. Como Especialista en Beneficios de Jubilación, fui miembro del equipo encargado de guiar a la comunidad de miembros y beneficiarios del plan de jubilación de la Ciudad en la comprensión de las disposiciones del Código Administrativo de Los Angeles sobre los beneficios de jubilación y como solicitar el pago de los mismos. En ese mismo departamento, también desempeñé las funciones de Notario Público, Asistente Legal, Especialista en Órdenes Judiciales de Bienes Comunales, instructor de personal, escritor de manuales de instrucciones y traductor de español a inglés.

Certificados

➢ Servicio Público Excelente - Otorgado por el Gobierno de la Ciudad de Los Angeles, California, U.S.

➢ Empleado del Trimestre - Otorgado por el Gobierno de la Ciudad de Los Angeles, California, U.S.

Bibliografía

Libros por Humberto Gómez Sequeira-HuGóS

- En transición hacia la poesía, 1978

- ¿Cuál es el significado de todo esto?, 1988

- Fui atrapado por una turbulencia de nubes, 1989

- Primera enmienda: Historias rechazadas, 1989

- Cuando yo era niño tenía alas, 1990

- Sonámbulo, 1990

- La liberación de los sentidos, 1991

- Quando era menino tinha asas, 1991
  Tradução de Teresinka Pereira

- Duele sentir, 1992

- Esta vida no es mía, 1994

- Visiones de un sonámbulo, 2011

- Nicaragua: El diálogo entre los curas doctrineros y encomenderos

Revistas que han publicado las obras de HuGóS

- Poema Censurado - Los Ángeles, CA, U.S., 1977

- La Prensa Literaria - Managua, Nicaragua, 1977

- Poema Convidado - Boulder, CO, U.S., 1978

- Taller - León, Nicaragua, 1978

- Rojo y Negro - Los Ángeles, CA, U.S., 1978

- L.A. Weekly - Los Ángeles, CA, U.S., 1987

- Directory of International Writers and Artists
  Moorhead, MN, U.S., 1988

➢ Mutated Viruses - Chicago, IL, U.S., 1988

➢ Sacrifica el Sentido Común - Los Ángeles, CA, U.S., 1989

➢ For Poets Only - Jackson Heights, NY, U.S., 1989

➢ The Nocturnal Lyric - Pasadena, CA, U.S., 1989

➢ Southern Rose Review - Ripley, MS, U.S., 1989

➢ The Plowman - Ontario, Canada, 1989

➢ Worldwide Poets' Circle, Poetry by the Seas
   Oceanside, CA, U.S., 1989

➢ The Aldebaran - Bristol, RI, U.S., 1990

➢ Gypsy - El Paso, TX, U.S., 1990

➢ Poetalk - Berkeley, CA, U.S., 1990

➢ Harvest 15 - Boulder, CO, U.S., 1991

➢ Transição - Boulder, CO, U.S., 1991

➢ Ráfagas - París, Francia, 1993

➢ Estrella del Sur - Paterna, Valencia, España, 1997

➢ Lluvia de Vidrio - Azul, Buenos Aires, Argentina, 1997

➢ La Crónica de Jaén, Poesía Sin Fronteras
   Jaén, Andalucía, España, 1999

➢ Free Venice Beachhead - Venice, CA, U.S., 2011

➢ mundopoesía.com - U.S., 2012

www.ingramcontent.com/pod-product-compliance
Lightning Source LLC
Chambersburg PA
CBHW070106300526
45788CB00016B/2471